BEI GRIN MACHT SICH IHR
WISSEN BEZAHLT

Qualitative Interviews und Inhaltsanalysen. Interviewleitfaden zum Konstrukt "Motivationale Grundhaltungen" von Steuerzahlern

Vivien Albers

Bibliografische Information der Deutschen Nationalbibliothek:

Die Deutsche Nationalbibliothek verzeichnet diese Publikation in der Deutschen Nationalbibliografie; detaillierte bibliografische Daten sind im Internet über http://dnb.d-nb.de abrufbar.

ISBN: 9783346750143
Dieses Buch ist auch als E-Book erhältlich.

Druck und Bindung: Books on Demand GmbH, Norderstedt Germany
Gedruckt auf säurefreiem Papier aus verantwortungsvollen Quellen

Das vorliegende Werk wurde sorgfältig erarbeitet. Dennoch übernehmen Autoren und Verlag für die Richtigkeit von Angaben, Hinweisen, Links und Ratschlägen sowie eventuelle Druckfehler keine Haftung.

Das Buch bei GRIN: https://www.grin.com/document/1282467

Inhaltsverzeichnis

Abkürzungsverzeichnis 5

Abbildungsverzeichnis 6

Tabellenverzeichnis 7

1. Qualitativer Interviewleitfaden zum Konstrukt Motivationale Grundhaltungen
von Steuerzahlern...8

   1.1   Das Qualitative Leitfadeninterview...8

   1.2   Operationalisierung des Konstrukts..9

   1.3   Konzeption des Interviewleitfadens 12

   1.4   Durchführung des Interviews...14

2. Transkription qualitativer Interviews..16

   2.1   Definition..16

   2.2   Typische Transkriptionsregeln...18

3. Qualitative Inhaltsanalyse...21

   3.1   Definition und Einsatzmöglichkeiten 21

   3.2   Ablauf einer inhaltlich strukturierenden qualitativen Inhaltsanalyse....22

   3.3   Ablauf einer evaluativen qualitativen Inhaltsanalyse.........................25

   3.4   Unterschiede beider Analysemethoden..29

Anhang 31

Literaturverzeichnis...35

Abkürzungsverzeichnis

Abb.	=	Abbildung
bspw.	=	beispielsweise
bzw.	=	beziehungsweise
d.h.	=	das heißt
GAT	=	Gesprächsanalytische Transkriptionssystem
Hrsg.	=	Herausgeber(in/nen)
Tab.	=	Tabelle
z.B.	=	zum Beispiel

Abbildungsverzeichnis

Abb. 1: Ablaufschema der inhaltlich strukturierten qualitativen Inhaltsanalyse .23

Abb. 2: Ablaufschema der evaluativen qualitativen Inhaltsanalyse...................26

Tabellenverzeichnis

Tab. 1: Fünf Motivationale Grundhaltungen von Steuerzahlern 11

Tab. 2: SPSS Methode nach Helfferich (2011) 13

Tab. 3: Beispiel inhaltlich-semantisches Transkript und GAT-Transkript 19

Tab. 4: Transkriptionsregeln nach Kuckartz (2016) 20

Tab. 5: Auswertungsformen der inhaltlich strukturierten Inhaltsanalyse 25

Tab. 6: Auswertungsformen der evaluativen qualitativen Inhaltsanalyse 28

1. Qualitativer Interviewleitfaden zum Konstrukt Motivationale Grundhaltungen von Steuerzahlern

1.1 Das Qualitative Leitfadeninterview

Das Interview ist eine zielgerichtete mündliche Befragungsform und dient der Informationssammlung über das Verhalten und Erleben der befragten Person. Qualitative Interviews sind halb- bzw. nicht-standardisiert und arbeiten mit offenen Fragen, so dass sich die Befragten mündlich in eigenen Worten äußern können. Zudem wird der Gesprächsverlauf weniger von den Interviewenden und ihren Fragen vorstrukturiert, sondern stärker von den Befragten mitgestaltet. Auf diese Weise sollen die individuellen Sichtweisen der Befragten nicht nur oberflächlich, sondern detailliert und vertieft erschlossen werden (Döring & Bortz, 2016, S. 372). Die Daten werden auf verschiedenen Sinn-Ebenen erfasst, sodass Widersprüche und Ambivalenzen im Bewusstsein der Befragten erfasst werden können. Die Aufgabe qualitativer Interviews ist es vor allem, im Vorfeld der Forschung zunächst Hypothesen über einen Forschungsgegenstand zu generieren (Hohl, 2000, S. 143-144). Leitfadeninterviews gehören zu den halbstandardisierten qualitativen Interviewformen und werden anhand eines vorab formulierten Leitfadens durchgeführt. Sie sind insofern halbstrukturiert, als dass der Leitfaden grob vorgibt, welche Fragen die Interviewenden den Befragten in welcher Reihenfolge stellen. Im Unterschied zum vollstrukturierten Interview, bei dem sämtliche Fragen, deren Reihenfolge sowie die Antwortmöglichkeiten exakt vorgegeben sind, bestehen beim Leitfadeninterview mehr Freiheitsgrade: Die Interviewenden dürfen spontan vom Leitfaden abweichen, um Vertiefungs- und Zusatzfragen zu stellen, die sich aus dem Gesprächsverlauf ergeben. Auch dürfen sie die Fragen im Wortlaut dem Gegenüber anpassen (Döring & Bortz, 2016, S. 372). Auf diese Weise kann der Interviewer auf spezifische Situationen eingehen und heikle Fragen, die auf Widerstand stoßen, offenlassen und zu einem späteren Zeitpunkt auf diese zurückkommen. Dies bietet den Vorteil, sensibel auf Stimmungen des Befragten eingehen zu können (Reinhardt, Ornau & Tennert, 2020, S. 13). Das Leitfadeninterview kann als ein Oberbegriff verstanden werden, unter dem verschiedene Interviewtechniken subsumiert werden können, darunter bspw. das Problemzentrierte Interview, das Themenzentrierte Interview, das Fokussierte Interview oder das Tiefeninterview (Miosch, 2015, S. 65). Der Ablauf eines Leitfadeninterviews erfolgt in der Regel in zehn Schritten (Döring & Bortz, 2016, S. 365):

1. Inhaltliche Vorbereitung
2. Organisatorische Vorbereitung
3. Gesprächsbeginn
4. Durchführung und Aufzeichnung des Interviews
5. Gesprächsende
6. Verabschiedung
7. Gesprächsnotizen
8. Transkription
9. Analyse der Transkripte
10. Archivierung des Materials

1.2 Operationalisierung des Konstrukts

Für das Konstrukt „Motivationale Grundhaltungen von Steuerzahlern" soll ein Interviewleitfaden erstellt werden. Um aus diesem Konstrukt Fragen bzw. Items erstellen zu können, muss es operationalisiert werden. Dafür ist es notwendig, den Begriff zunächst zu definieren und einzugrenzen. Als Grundlage wird dafür das Modell der Fünf Motivationalen Grundhaltungen von Steuerzahlern nach Braithwaite (2003) herangezogen. Die einzelnen Definitionen der Dimensionen, sowie beispielhafte Indikatoren sind in Tab. 1 abgebildet.

Fünf Motivationale Grundhaltungen von Steuerzahlern	
Dimensionen	Indikatoren
Commitment Commitment meint eine positive Einstellung zu Autoritäten. Das Steuersystem, die Steuergesetze und die Erhebung von Steuern werden als wünschenswert erachtet. Es besteht eine moralische Verpflichtung zum Steuerzahlen im Interesse der Allgemeinheit.	• Es gehört sich, Steuern zu zahlen • Steuern zu zahlen, ist eine allgemeine Verantwortung der Bürger • Moralische Verpflichtung zum Steuerzahlen • Steuern nützen allen in einer Gesellschaft • Steuern helfen der Regierung, sinnvolle Dinge zu tun • Individuelle Verantwortung, Steuern zu bezahlen
Capitulation Capitulation bedeutet eine grundsätzlich positive Einstellung und Akzeptanz zu Steuerbehörden, um kollektive Interesse durchzusetzen. Die Finanzbehörden werden als unterstützende Kraft angesehen.	• Kooperation mit den Steuer- und Finanzbehörden • Unterstützung durch die Steuerbehörden • Hilfsangebote durch die Steuerbehörden (u.a. beim Ausfüllen oder beim Korrigieren fehlerhafter Angaben in den Steuerunterlagen) • Steuersystem erfüllt einen guten Zweck
Resistance Resistance bezeichnet eine negative Haltung gegenüber den Steuerbehörden. Die Autorität der Finanzverwaltung wird angezweifelt und als argwöhnisch kontrollierend wahrgenommen.	• Keine Unterstützung durch die Steuerbehörden • Harter, unfairer Umgang mit den Steuerzahlern • Steuerbehörden lassen sich nicht zufriedenstellen • Man muss sich gegen die Steuerbehörden zur Wehr setzen • Steuerbehörde hat eine negative Meinung vom Steuerzahler

Disengagement	• Keine Kommunikation mit der Steuerbehörde
Mit Disengagement ist ebenfalls eine negative Grundhaltung gegenüber der Steuerbehörde gemeint. Solche Steuerzahler haben sich bereits weit von der Finanzbehörde distanziert	• Keine Kooperation mit der Steuerbehörde • Ignorieren/Desinteresse gegenüber den Maßnahmen der Steuerbehörde • Steuerverweigerung
Game Playing	• Individuelle (positive) Auswirkungen von Veränderungen in den Steuergesetzen (im Sinne der Reduzierung der eigenen Steuerlast)
Game Playing drückt die Absicht aus, die gesetzlichen Bestimmungen für eigene Zwecke sehr weit zu interpretieren. Der Sinn und die Prinzipien der Gesetze werden dann nicht respektiert und es wird eine Art Katz-und-Maus-Spiel zwischen Steuerbehörde und Steuerzahler betrieben.	• Gespräche mit Freunden/Bekannten über Schlupflöcher im Steuersystem Lücken und Grauzonen des Steuerrechts erkunden • Vergnügen, eigene Steuerzahlungen zu minimieren • Sich von der Steuerbehörde nicht unterkriegen lassen

Tab. 1: Fünf Motivationale Grundhaltungen von Steuerzahlern

(Quelle: Braithwaite, 2003, S. 15-39; Mühlbacher, 2018, S. 7-22)

Auf Grundlage der Operationalisierung des Konstrukts kann nun die Zielgruppe, also die Auswahl der Befragungspersonen und die Wahl der Interviewtechnik bestimmt werden. Die Stichprobe soll aus Steuerzahlern verschiedenen Alters, Berufsgruppen und Bildungsniveaus in Deutschland bestehen. Wichtig ist, dass ausschließlich auskunftswillige Personen rekrutiert werden. Da Motivationale Grundhaltungen vom Individuum oft nur geringfügig verbal benannt und erkannt werden kann soll das Interview als Tiefeninterview konzipiert werden. Tiefeninterviews zielen stärker auf die Ermittlung latenter, d.h. unbewusster und nicht direkt beobachtbarer Sinnstrukturen ab, als andere Formen des qualitativen Interviews (Hohl, 2000, S. 144). Verborgene und schwer erfassbare Gedanken- und Argumentationsketten, mit denen die befragte Person ihre Entscheidungen begründet, können damit erfasst werden (Gerth, 2015). Dabei wird mit verschiedenen Befragungstechniken gearbeitet, um die befragte Person zum Erzählen anzuregen und Emotionales für die Analyse zugänglich zu machen (Mey & Mruck 2020, S. 317).

1.3 Konzeption des Interviewleitfadens

Bei qualitativen Interviews ist das zentrale Element der Interviewleitfaden. Dieser liegt dem Interviewer als Liste offener Fragen vor und fugiert als roter Faden der Erhebung. Er gibt eine thematische Rahmung und Fokussierung für das Interview vor und enthält eine Auflistung aller relevanten Themenkomplexe, die im Interview angesprochen werden müssen. Somit erfüllt er eine Steuerungs- und Strukturfunktion. Durch ihn kann eine bessere Vergleichbarkeit der Daten und eine Strukturierung des gesamten Kommunikationsprozesses gewährleistet werden (Miosch, 2015, S. 65-66). Zudem wird verhindert, dass einzelne Themenbereiche bei der Durchführung des Interviews nicht angesprochen werden. Üblicherweise umfasst ein Interviewleitfaden 1-2 Seiten mit 8-15 ausformulierten Fragen (Gläser & Laudel, 2010). Zur Erstellung des Leitfadens schlägt Helfferich (2011) die SPSS-Methode vor. Die vier Buchstaben stehen für die jeweiligen Arbeitsschritte „Sammeln", „Prüfen", „Sortieren" und „Subsumieren". Tab. 2 zeigt den Erstellprozess und bildet die jeweiligen Arbeitsschritte ab.

Schritte	Beschreibung
S - Sammeln	Alle Fragen, die für die Bearbeitung des Themas interessant erscheinen werden gesammelt. Dabei wird nicht darauf geachtet, ob

	die Fragen so später für den Leitfaden genutzt werden können oder nicht.
P - Prüfen	Die Fragen werden nach Geeignetheit und Relevanz überprüft. Fragen, die nicht geeignet sind (z.B. geschlossene Fragen) werden umformuliert oder aussortiert.
S - Sortieren	Die überprüften Fragen werden sortiert, z.B. nach inhaltlichen oder chronologischen Aspekten.
S - Subsumieren	Die sortierten Fragen werden zu unterschiedlichen Frageblöcken subsumiert. Jeder Block beginnt mit einer möglichst offenen Einstiegsfrage. Zudem wird eine Reihenfolge der Frageblöcke festgelegt.

Tab. 2: SPSS Methode nach Helfferich (2011)

(Quelle: Kruse, 2015; Helfferich, 2011)

Der Leitfaden sollte den drei Grundprinzipen Offenheit, Prozesshaftigkeit und Kommunikation folgen (Miosch, 2015, S. 67): Das Prinzip der Offenheit besagt, dass keine vorab festgelegten Hypothesen geprüft werden sollten, sondern das Ziel darin liegt, subjektive Erlebnisse, Handlungen und Einstellungen und deren Bedeutung für das Individuum zu analysieren. Das Prinzip der Prozesshaftigkeit besagt, dass Bedeutungen nicht statistisch aufzufassen sind, sondern prozesshaft verstanden werden sollten, weil diese erst in sozialen Interaktionen ausgehandelt werden. Im Interview muss daher versucht werden, dieses Prozesshafte aufzudecken und zu klären. Das Prinzip der Kommunikation zielt darauf ab, dass Informationen aus qualitativen Interviews mittels Kommunikation gewonnen werden. Bei der Formulierung der Fragen sollten daher folgende Kriterien erfüllt sein (Miosch, 2015, S. 67; Renner & Jacob, 2020, S. 47):

- Verständlichkeit: Fragen sollten so formuliert werden, dass sie vom Befragten richtig verstanden werden, nur so sind valide Antworten möglich.

- Einfachheit und Kürze: Fragen sollten einfach, kurz und unkompliziert formuliert sein. Fremdwörter und Fachtermini sollten möglichst vermieden werden.

- Sprachniveau: Der Interviewer sollte sich möglichst an das Sprachniveau des Befragten anpassen.

- Eindeutigkeit: Fragen sollten sich auf einen einzigen Aspekt beziehen. Fragen, in denen mehrere Aspekte gleichzeitig angesprochen werden, können zur Verwirrung führen.

- Neutralität: Suggessivfragen sollten vermieden werden, um keine bestimmte Antwortrichtung vorzugeben und eine Beeinflussung der Antworten zu vermeiden.

- Nähe zu alltäglichen Sprachregeln: Bei der Durchführung des Interviews sollte sich möglichst an den Verlauf eines Alltagsgesprächs angenähert werden. Dies bedingt eine offene und flexible Handhabung des Leitfadens und das Vermeiden, den Leitfaden lediglich starr abzuarbeiten.

1.4 Durchführung des Interviews

Das Interview läuft in vier Phasen ab. Diese orientieren sich an der Struktur des Leitfadens (Miosch, 2015, S. 68-69):

1. Informationsphase: Der Befragte wird über das Thema und die Zielsetzung des Interviews sowie über die vertrauliche Behandlung der Daten informiert. Es wird vorab auch die Einverständniserklärung unterzeichnet, ohne die kein Interview durchgeführt werden sollte.

2. Aufwärm- und Einstiegsphase: Ziel dieser Phase ist es, dem Befragten den Einstieg in die Interviewsituation und in das Forschungsthema zu erleichtern. Hier werden möglichst breite und offene Fragen gestellt, sodass der Befragte in den Redefluss kommt und die anfängliche Scheu vor der ungewohnten Kommunikationssituation des Interviews überwindet. Es ist von Anfang an für eine angenehme, offene und vertrauensvolle Gesprächsatmosphäre zu sorgen.

3. Hauptphase: Hier werden die relevanten Themen im kommunikativen Austausch mit dem Interviewten erörtert. Der Interviewleitfaden gibt die Struktur des Interviews vor. Die Fragen können sich entweder deduktiv, d.h. aus dem Vorwissen heraus entwickeln, aber auch induktiv sein, sodass sie aus neuen Informationen aus dem Interview abgeleitet werden.

4. Ausklang- und Abschlussphase: Das Interview wird beendet. Hier wird einmal innegehalten und reflektiert. Bislang unerwähnte, aber für die Themenstellung relevante Informationen werden erfragt. Der Abschluss hat die Funktion, den Befragten wieder aus der Befragungssituation herauszuführen und somit das Ende der Interviewdurchführung anzuzeigen.

Vom Interviewer sind aktives Zuhören, soziale Kompetenzen sowie Kommunikationskompetenzen gefragt. Die Hauptaufgabe des Interviewers ist die Steuerung des Gesprächsablaufs, d.h. eigene Reaktionen und auch das nonverbale Verhalten der Befragten sollten aufmerksam verfolgt werden. Zudem ist der Interviewer gefordert, aus dem Gespräch heraus weiterführende und vertiefende Fragen zu formulieren und dafür zu sorgen, dass die befragte Person beim Thema bleibt (Döring & Bortz, 2016, S. 366). Interviewer sollten zudem Interesse am Menschen und an der untersuchten Fragestellung haben, psychisch belastbar und anpassungsfähig sein, die Fähigkeit zur Kontrolle des eigenen verbalen und nonverbalen Verhaltens besitzen, eine Selbstkritische Haltung haben und reflexionsfähig sein. Um Störeffekte zu vermeiden, empfiehlt sich zudem im Vorfeld ein Interviewtraining zu absolvieren. Störeffekte sind Einflüsse, die mit der Person des Interviewers oder deren Interaktion zusammenhängen, die zu unterschiedlichen Antworten der Befragten führen und die validen Antworten beeinträchtigen bzw. überlagern. Im Interviewtraining lernen Interviewer nicht nur mögliche Störeffekte kennen, sondern auch den Interviewleitfaden sowie grundlegende Prinzipien der Gesprächsführung und des Beziehungsaufbaus (Renner & Jacob, 2020, S. 77-80).

2. Transkription qualitativer Interviews

2.1 Definition

Transkription (lateinisch: transcribere „umschreiben") bedeutet das Übertragen menschlicher Kommunikation, auf Grundlage einer Audio- oder Videoaufnahme, in eine schriftliche Form (Dresing & Pehl, 2018, S. 16). Bei Interviews werden diese Audio- bzw. Audiovisuellen Daten zu Dokumentations- und Auswertungszwecken verschriftlicht. Das Ziel der Transkripterstellung ist die Herstellung eines dauerhaft verfügbaren Protokolls, das mit Hilfe geeigneter Notationszeichen den Gesprächsverlauf wirklichkeitsgetreu wiedergibt bzw. so aufbereitet ist, dass es für die Auswertung und Interpretation brauchbar ist (Höld, 2009, S. 657). Dabei handelt es nicht lediglich um die Abschrift eines Sachverhalts, sondern um eine durch die Transkribierenden gesteuerte, aktive Herangehensweise an das aufgezeichnete Ergebnis (Mey & Mruck, 2020, S 835). Bei qualitativen Interviews ist das Erstellen eines Transkripts unabdingbar, da mündliche Aussagen flüchtig und die Erinnerungen an Gespräche oft lückenhaft sind. Die Transkription dient dazu, die Flüchtigkeit zu überwinden und die Erinnerung zu stützen, um so ein detailgetreues und facettenreiches Protokoll zu ermöglichen. Auf diese Weise kann dem Leser ein möglichst guter Eindruck vom Gespräch und eine gute Basis für die Rekonstruktion gegeben werden. Allerdings bewirken zu viele Details und Informationen, dass ein Transkript nur schwer lesbar ist. Die Aspekte Exaktheit und sinnvolle Umsetzbarkeit liegen mitunter an entgegengesetzten Polen. Die Entscheidung für eine Transkriptionsform wird daher anhand von Forschungs-methodik, Erkenntniserwartung und auch aus forschungspragmatischen Grün-den getroffen (Dresing & Pehl, 2018, S. 16-19). In der Regel reichen für die meis-ten Forschungsprojekte einfache Transkriptionssysteme aus. Als Orientierung für die Ausführlichkeit eines Transkripts schlägt Deppermann (2014, S. 273) das Prinzip der „Granularitätsadäquatheit" vor. Damit ist gemeint, dass ein Transkript immer so genau sein muss, um in Bezug auf die verfolgte Fragestellung ein wi-derständiges Material zu bieten. Das heißt, es muss immer feinkörniger sein als die Ebene der Fragestellung.

Mit der Öffnung der Psychologie gegenüber qualitativen Methoden gewinnt die Transkription als entscheidender Schritt bei der Analyse aufgezeichneter Daten an Bedeutung. Transkription im Sinne einer Abschrift von Gesprächen wird schon seit langer Zeit praktiziert. Bereits in der Antike wurde der Verlauf von Gerichts-prozessen in Griechenland und Ägypten in schriftlichen Protokollen festgehalten. Da aber möglichst ausführliche und dem Gegenstand entsprechende Protokolle in der wissenschaftlichen Analyse benötigt werden, ist die Nutzung von Tran-skription als wortgenaue Dokumentation erst mit der Verfügbarkeit von Aufnah-megeräten möglich geworden. Erst dann konnte das flüchtige Gespräch durch die Aufzeichnung festgehalten und einer exakten Verschriftlichung der späteren Analyse zugänglich gemacht werden. Die ersten Tonaufnahmen wurden im klini-schen Bereich von Carl Rogers (1942) in Psychotherapie-Sitzungen transkribiert und anschließend für die Analyse eingesetzt. Seit den 1970er Jahren gibt es verschiedene Ansätze zur Entwicklung standardisierter und halbstandardisierter Regeln der Transkription. Mittlerweile gibt es mehrere etablierte Versionen von Transkripten bzw. Transkriptionssystemen, welche für verschiedene Zwecke geeignet sind (Mey & Mruck, 2020, S. 836). Da Audio- und Audiovisuelle Aufzeichnungen heute meist digital vorliegen, erfolgt die Transkription am Computer mit entsprechender Transkriptions-Software, z.B. f4, f5, Express Scribe, EXMA-RaLDA, etc. Die entsprechenden Programme übernehmen die Aufgaben eines Tonwiedergabegerätes, erlauben ein komfortables Rück- und Vorspulen, ein Verlangsamen der Abspielgeschwindigkeit und das Einfügen von Zeitmarken und Textbausteinen über Tastenkombination (Döring & Bortz, 2016, S. 367).

2.2 Typische Transkriptionsregeln

Die Gesamtheit der Entscheidungen, welche Aspekte der Aufnahme wie festgehalten werden, werden als Transkriptionssystem oder auch als Transkriptionsregel bezeichnet. Transkriptionsregeln legen fest, wie die gesprochene Sprache in die schriftliche Form übertragen wird. Die Formulierung von Transkriptionsregeln hilft dabei, die Datenreduktion bei der Transkription transparent zu machen. Sie sind während der Transkription hilfreich, da sie Leitlinien geben, welche Elemente berücksichtigt bzw. nicht berücksichtigt und welche Zeichen benutzt werden sollen. Die jeweilige Forschungsfrage gibt zunächst den wichtigsten Rahmen für die Wahl eines Transkriptionssystems vor (Mey & Mruck, 2020, S. 842). Tab. 3 zeigt ein Beispiel für ein einfaches inhaltlich- semantisches Transkript im Vergleich zu einem erweitertem und etwas komplizierterem GAT-Transkript.

Beispiel für ein inhaltlich-semantisches Transkript	Beispiel für ein GAT-Transkript
Befragte Person: Ein besonders gutes Beispiel, das waren mal unsere Nachbarn. (...), dreißig Jahre verheiratet, (...) das letzte Kind endlich aus dem Haus, zum Studieren, (...) weggegangen, ne, nach Berlin.	Befragte Person: n besonders ↑ˋGutes beispiel das warn mal unsere ↑ˋNACHbarn.(- - -) ähm (- - -) ↑ˋDREIßig jahre verˊhEiratet, °hh das letzte kind (.) ˋEndlich aus_mˊHAUS, zum stuˊDIERN, (-)ˊWEGgegangen, =ˊne, °h nach berˊLIN, °h

Tab. 3: Beispiel inhaltlich-semantisches Transkript und GAT-Transkript

(Quelle: Dresing & Pehl, 2018, S. 18)

Kuckartz (2016) formuliert bewusst einfache und schnell erkennbare Transkriptionsregeln, die die Sprache deutlich „glätten" und den Fokus auf den semantischen Inhalt des Redebeitrags setzen (Dresing & Pehl, 2018, S. 20). Folgende Transkriptionsregeln werden von ihm empfohlen (Kuckartz, 2016, S. 136):

Nr.	Regel
1.	Es wird wörtlich transkribiert, also nicht lautsprachlich oder zusammenfassend. Vorhandene Dialekte werden nicht mit transkribiert, sondern möglichst genau in Hochdeutsch übersetzt.
2.	Sprache und Interpunktion werden leicht geglättet, d. h. an das Schriftdeutsch angenähert. Die Satzform, bestimmte und unbestimmte Artikel etc. werden auch dann beibehalten, wenn sie Fehler enthalten.
3.	Deutliche, längere Pausen werden durch in Klammern gesetzte Auslassungspunkte (...) markiert. Entsprechend der Länge der Pause in Sekunden werden ein, zwei oder drei Punkte gesetzt, bei längeren Pausen wird eine Zahl entsprechend der Dauer in Sekunden angegeben.
4.	Besonders betonte Begriffe werden durch Unterstreichungen gekennzeichnet.
5.	Sehr lautes Sprechen wird durch Schreiben in Großschrift kenntlich gemacht.
6.	Zustimmende bzw. bestätigende Lautäußerungen der Interviewer (mhm, aha etc.) werden nicht mit transkribiert, sofern sie den Redefluss der befragten Person nicht unterbrechen.
7.	Einwürfe der jeweils anderen Person werden in Klammern gesetzt.
8.	Lautäußerungen der befragten Person, die die Aussage unterstützen oder verdeutlichen, z.B. Lachen oder Seufzen), werden in Klammern notiert.
9.	Absätze der interviewenden Person werden durch ein „I:", die der befragten Person durch ein eindeutiges Kürzel, z. B. „B4;", gekennzeichnet.
10.	Jeder Sprechbeitrag wird als eigener Absatz transkribiert. Sprecherwechsel wird durch zweimaliges Drücken der Enter-Taste, also einer Leerzeile zwischen den Sprechern deutlich gemacht, um so die Lesbarkeit zu erhöhen.
11.	Störungen werden unter Angabe der Ursache in Klammern notiert, z. B. (Handy klingelt).
12.	Nonverbale Aktivitäten und Äußerungen der befragten wie auch der interviewenden Person werden in Doppelklammern notiert, z. B. ((lacht)), ((stöhnt)) und Ähnliches.
13.	Unverständliche Wörter werden durch (unv.) kenntlich gemacht
14.	Alle Angaben, die einen Rückschluss auf eine befragte Person erlauben, werden anonymisiert.

Tab. 4: Transkriptionsregeln nach Kuckartz (2016)

(Quelle: Eigene Darstellung in Anlehnung an Kuckartz, 2016, S. 136)

3. Qualitative Inhaltsanalyse

3.1 Definition und Einsatzmöglichkeiten

Für die qualitative Inhaltsanalyse existiert eine Vielzahl völlig unterschiedlicher Definitionen. Der Grund dafür ist, dass sehr viele der vorliegenden Definitionen die Interessen oder das jeweilige Arbeitsgebiet der Autoren widerspiegeln und dadurch zu spezifisch sind. Mey und Mruck (2020, S. 543) definieren den Begriff als eine Auswertungsmethode, die Texte bearbeitet, welche im Rahmen sozialwissenschaftlicher Forschungsprojekte in der Datenerhebung anfallen. Hussy, Schreier und Echterhoff (2013) definieren die Inhaltsanalyse als „ein systematisches Verfahren zur Erfassung von Textbedeutung". Rustemeyer (1992, S. 12) definiert sie als eine systematisch-intersubjektive Beschreibung des Bedeutungsinhaltes von Texten aller Art. Eine Übereinstimmung liegt also darin, dass das Ziel der Inhaltsanalyse die Analyse von Material aus jeglicher Art von Kommunikation ist. Da sie aber nicht nur Inhalte der Kommunikation zum Gegenstand hat, bleibt der Begriff Inhaltsanalyse problematisch. Um Klarheit darüber zu schaffen, was die qualitative Inhaltsanalyse ausmacht, hat Mayring (2010, S. 11) sechs Merkmale einer Inhaltsanalyse aufgewiesen. Nach Mayring will eine Inhaltsanalyse Kommunikation analysieren (1), fixierte Kommunikation analysieren (2), dabei systematisch (3) und regelgeleitet (4) vorgehen, dabei auch theoriegeleitet (5) vorgehen und das Ziel verfolgen, Rückschlüsse auf bestimmte Aspekte der Kommunikation zu ziehen (6). Schreier (2014) ergänzt zudem die Merkmale Kategorieorientierung, Interpretatives Vorgehen, Einbeziehung latenter Bedeutungen, Entwicklung eines Teils der Kategorien am Material und Orientierung an Reliabilität und Validität gleichermaßen. Das Merkmal der Kategoriegeleitetheit ist das zentrale Unterscheidungskriterium gegenüber anderen Textanalyseansätzen. Kategorien stellen Analyseaspekte als Kurzformulierungen dar, sind in der

Formulierung mehr oder weniger eng am Material orientiert und können hierarchisch in Ober- und Unterkategorien geordnet sein. Das Kategoriensystem, als die Zusammenstellung aller Kategorien, ist das eigentliche Instrumentarium der Analyse (Mey & Mruck, 2020, S. 543).

Mit Techniken qualitativer Inhaltsanalyse können die verschiedensten Materialien analysiert werden. Beispiele für Einsatzmöglichkeiten sind (Mey & Mruck, 2020, S. 503):

- Transkranskripte von narrativen oder halb-strukturierten Interviews,
- Gruppendiskussionsprotokolle von Fokusgruppen,
- Material aus offenen Fragebögen,
- Beobachtungsprotokolle und Feldnotizen,
- Medienprodukte von Zeitungen bis zu Internetmaterialien,
- Dokumente und Akten
- Tonbandaufnahmen ohne Transkription, wenn die Kategorienzuordnung dies erlaubt.

3.2 Ablauf einer inhaltlich strukturierenden qualitativen Inhaltsanalyse

Mayring (2010, S. 66) unterscheidet vier Varianten der strukturierten Inhaltsanalyse: die formale, die skalierende, die typisierende und die inhaltliche. Auf die inhaltlich strukturierte qualitative Inhaltsanalyse wird im Folgenden eingegangen. Ziel der inhaltlich strukturierten Vorgehensweise ist es Material zu bestimmten Themen und Inhaltsbereichen auf eine bestimmte Struktur zu untersuchen und mithilfe eines Kategoriesystems zu extrahieren (Mayring, 2010, S. 92). Am

Material ausgewählte inhaltliche Aspekte werden identifiziert, konzeptualisiert und das Material wird in Hinblick auf solche Aspekte systematisch beschrieben, z.B. in Hinblick darauf, was zu bestimmten Themen im Rahmen eines Interviews ausgesagt wird. Diese Aspekte bilden zugleich die Struktur des Kategoriesystems. Charakteristisch bei der inhaltlich strukturierten Inhaltsanalyse ist, dass die offenen Beschreibungen im Hinblick auf Merkmale des Forschungsgegenstandes hin analysiert werden. Die Merkmale stellen die Kategorien des Kategoriesystems dar. Andere Aspekte dieser offenen Beschreibungen werden bei der Auswertung nicht berücksichtigt (Schreier, 2014). Der Ablauf der inhaltlich strukturierenden Inhaltsanalyse umfasst im Kern die in Abb. 1 dargestellten Schritte. Diese werden zum Teil auch mehrfach durchlaufen.

Abb. 1: Ablaufschema der inhaltlich strukturierten qualitativen Inhaltsanalyse

(Quelle: Kuckartz, 2016, S. 100)

In Phase 1 wird sich mit dem Material vertraut gemacht. Das Material wird sorgfältig gelesen und wichtige Textpassagen markiert. Dazu werden Anmerkungen und Notizen geschrieben. Zum Abschluss erfolgt das Schreiben einer ersten kurzen Zusammenfassung. In Phase 2 werden thematische Hauptkategorien entwickelt. Bei dieser Variante der Inhaltsanalyse werden Textinhalte, d.h. Themen und Unterthemen, als Auswertungskategorien verwendet. Phase 3 beinhaltet das Codieren des gesamten Materials mit den Hauptkategorien. Dabei wird der Text sequenziell durchgegangen und einzelne Textabschnitte den Kategorien zugewiesen. Bei der Festlegung der Kategorien bedarf es nach Mayring (2015, S. 49) drei Definitionsprozesse. Zunächst wird die Kategorie definiert (1), d.h. es wird genau definiert, welche Textbestandteile unter eine Kategorie fallen. Dann werden Ankerbeispiele aus konkreten Textstellen ausgewählt (2) und zum Schluss werden eindeutige Codierregeln formuliert (3), um eine eindeutige Zuordnung zu ermöglichen und Abgrenzungsprobleme zu vermeiden. In Phase 4 werden alle mit den gleichen Hauptkategorien codierten Textstellen systematisch zusammengestellt. In Phase 5 werden zu einzelnen Hauptkategorien, Subkategorien gebildet. Phase 6 umfasst das Codieren des gesamten Materials mit dem ausdifferenzierten Kategoriesystem. Die bislang mit der Hauptkategorie codierten Textstellen werden dabei mit den entsprechenden Subkategorien codiert. In der letzten Phase, Phase 7, findet die kategoriebasierte Auswertung und Ergebnisdarstellung statt. Für die inhaltlich strukturierte Inhaltsanalyse existieren sieben Formen der Auswertung und Ergebnisdarstellung. Diese sind in Tab. 5 dargestellt. Zum Abschluss der Ergebnisdarstellung sollte noch einmal in Form eines Resümees der Bogen zur ursprünglichen Fragestellung gespannt werden. Der gesamte Auswertungsprozess sollte im Ergebnisbericht entsprechend dokumentiert werden (Kuckartz, 2014, S. 79-97; Ornau, 2014, S. 34-44).

Auswertungsform	Beschreibung
Kategoriebasierte Auswertung entlang der Hauptkategorien	In dieser Auswertungsform werden die Ergebnisse für jede thematische Hauptkategorie berichtet. Im Rahmen dieser Auswertungsform werden die Inhalte der Aussagen der Befragten „gesichtet, sortiert und fallübergreifend zusammengefasst.
Analyse der Zusammenhänge innerhalb einer Hauptkategorie	Bei dieser Auswertung die Zusammenhänge zwischen den Subkategorien einer Hauptkategorie untersucht.
Analyse der Zusammenhänge zwischen Kategorien	Mit Hilfe von Kreuztabellen können Verbindungen zwischen gruppierenden Merkmalen und den codierten thematischen Äußerungen hergestellt werden.
Kreuztabellen – qualitativ und qualifizierend	Mit Hilfe von Kreuztabellen können Verbindungen zwischen gruppierenden Merkmalen und den codierten thematischen Äußerungen hergestellt werden
Grafische Darstellungen	Mit Hilfe von Diagrammen können relevante Ergebnisse übersichtlich präsentiert werden. Es können Häufigkeiten darge-stellt werden. Meist werden Balken- oder Kreisdiagramme genutzt.
Fallübersichten	Mit Fallübersichten können ausgesuchte Fälle (damit sind Aussagen einer Person zu bestimmten Kategorien gemeint) oder auch bei relativ kleinen Stichproben alle untersuchten Fälle miteinander verglichen werden.
Vertiefende Einzelfallinterpretation	Mittels einer vertiefenden Einzelfallinterpretation kann noch zusätzlich zu ggf. schon dargestellten Ergebnissen auf einzelne, besonders interessant erscheinende Personen im Forschungs-bericht eingegangen werden.

Tab. 5: Auswertungsformen der inhaltlich strukturierten Inhaltsanalyse

(Quelle: Eigene Darstellung in Anlehnung an Kuckartz, 2014, S. 94-97)

3.3 Ablauf einer evaluativen qualitativen Inhaltsanalyse

Die evaluative qualitative Inhaltsanalyse nach Kuckartz (2016) entspricht im We-
sentlichen der skalierende Inhaltsanalyse nach Mayring (2010) und lässt sich somit als Variante der strukturierenden qualitativen Inhaltsanalyse beschreiben. Bei
dieser Variante der Inhaltsanalyse wird für ausgewählte Dimensionen eine Einschätzung im Hinblick auf eine überschaubare Anzahl von Ausprägungen vorge-

nommen (Schreier, 2014). Ziel ist es Inhalte des Materials einzuschätzen, zu klassifizieren und zu bewerten. Bei der Anwendung der evaluativen qualitativen Inhaltsanalyse wird das Material in der Regel fallbezogen anhand gebildeter Kategorien eingeschätzt. In den meisten Fällen wird für die Kategorien eine Ordinalskalierung gewählt. Nach der Klassifizierung können dann, Vermutungen über Zusammenhänge explorativ untersucht werden, z.b. mit Hilfe von Kreuztabellen (Ornau, 2014, S. 47).

Vom Grundschema der inhaltlich strukturierten qualitativen Inhaltsanalyse weicht die evaluative qualitative Inhaltsanalyse nicht ab. Die Hauptphasen Textarbeit, Kategoriebildung, Codierung, Analyse und Ergebnisdarstellung bleiben gleich (Kuckartz, 2014, S. 99). In der Kategoriebildung finden sich jedoch Unterschiede. Dies bedeutet, dass sich die auf die Kategoriebildung folgenden Phasen von der Codierung bis zur Ergebnisdarstellung verändern. Abb. 2 zeigt den konkreten Ablauf der evaluativen Inhaltsanalyse für eine einzelne bewertende Kategorie.

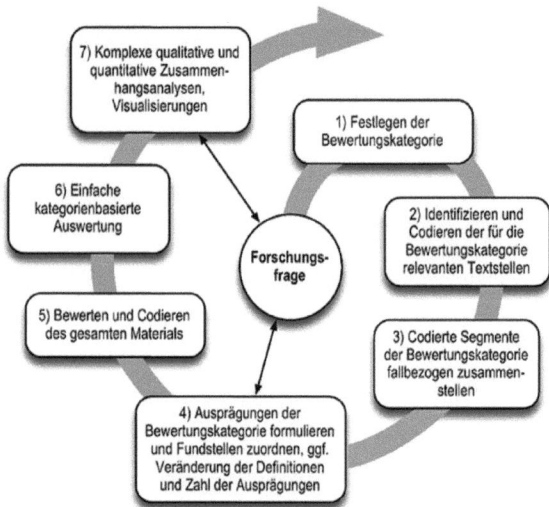

Abb. 2: Ablaufschema der evaluativen qualitativen Inhaltsanalyse

(Quelle: Kuckartz, 2016, S. 125)

Phase 1 besteht in der Festlegung der Bewertungskategorie. Wichtig dabei ist, dass ein stringenter Zusammenhang der Kategorie und der Art der Kategorien zur Forschungsfrage gegeben ist (Kuckartz, 2014, S. 100). Phase 2 besteht aus dem Identifizieren und Codieren der für die Bewertungskategorien relevanten Textstellen. Das gesamte Material wird überarbeitet und alle Textstellen, die Informationen zu relevanten Bewertungskategorien enthalten werden codiert (Kuckartz, 2014, S. 101). In Phase 3 wird eine kategoriebasierte Auswertung vorgenommen (Kuckartz, 2014, S. 102). Alle Textstellen einer befragten Person, die mit der betreffenden Kategorie codiert wurden, werden in einer Liste oder Tabelle zusammengestellt. Die Ergebnisse aus dieser Phase dienen dann als Ausgangspunkt für die beiden folgenden Phasen. In Phase 4 werden Ausprägungen der Bewertungskategorie formuliert und Fundstellen probeweise zugeordnet. Für diese Phase ist es wichtig, eine hinreichende Anzahl von Fundstellen zu lesen, um dann entscheiden zu können, welcher Grad der Differenziertheit für die evaluativen Unterscheidungen zu treffen ist (Kuckartz, 2014, S. 102-104). Der Differenzierungsgrad sollte mindestens die Ausprägungen „hohe Ausprägung der Kategorie", „geringe Ausprägung der Kategorie" und „nicht zu klassifizieren" enthalten. Letzteres meint, dass die vorhandene Information nicht ausreicht, um eine zuverlässige Zuordnung der betreffenden Person zu gewährleisten (Kuckartz, 2014, S: 102). Phase 5 beinhaltet dann das Bewerten und Codieren des gesamten Materials hinsichtlich der interessierenden Kategorien. Fließen mehrere Bewertungskategorien in die Analyse ein, so ist für jede Kategorie ein Durchlauf der Phasen zwei bis fünf nötig. In Phase 6 findet die kategoriebasierte Auswertung statt. Auch hier lassen sich sieben verschiedene Formen der Auswertung unterscheiden (Kuckartz, 2014, S. 108). Nach der deskreptiven Ergebnisdarstellung folgen in Phase 7 komplexere Analysen. Meist sind dies Untersuchungen über

Zusammenhänge. Die Gesamtheit aller sieben Auswertungsformen für die evaluative qualitative Inhaltsanalyse sind in Tab. 6 dargestellt.

Auswertungsform	Beschreibung
Deskriptive Auswertung einzelner Kategorien	Ziel dieser Auswertungsform ist es, einen ersten Überblick über die einzelnen Kategorien zu geben. Folgende Möglichkeiten stehen dazu beispielsweise zur Auswahl: Darstellung als Tabelle, Darstellung der Häufigkeiten als Grafik z.B. Kreis- oder Balkendiagramme, Tabellarische Darstellung.
Verbal-Interpretative Auswertung einzelner Kategorien	Ziel dieser Auswertungsform ist es, einen ersten interpretativen Überblick über die einzelnen Kategorien zu geben. Bspw. stehen hierbei folgende Möglichkeiten zur Auswahl: Darstellung was auf welche Art und Weise mit welchen Argumenten gesagt wird, aufgegliedert nach Ausprägung und Darstellung allgemeiner und außergewöhnlicher Aussagen.
Kreuztabelle mit anderen evaluativen Kategorien	Eine Analyse von Zusammenhängen kann unter Zuhilfenahme von Kreuztabellen umgesetzt werden. Nachdem die Werte in den einzelnen Zellen bestimmt wurden, kann bei einer hinreichend großen Fallzahl z.B. mit dem Chi-Quadrat-Unabhängigkeits-Test untersucht werden, ob ein statistischer Zusammenhang zwischen beiden Kategorien vorliegt.
Kreuztabelle der Zusammenhänge mit soziodemographischen Merkmalen	Mit Hilfe von Kreuztabellen kann eine Analyse des Zusammen-hangs einer Bewertungskategorie mit einem soziodemogra-phischen Merkmal durchgeführt werden. Bei einer hinreichend großen Fallzahl können wieder statistische Tests angewandt werden.
Tabellarische Übersichten	Tabellarische Übersichten sind geeignet, um einen guten Überblick über spezielle Fragestellungen zu geben.
Zusammenhänge mit thematischen Kategorien: Kreuztabelle und Segmentmatrix	Der Zusammenhang einer Bewertungskategorie und einer themati-schen Kategorie kann ebenfalls in Matrixform dargestellt werden. Interessiert man sich für spezifische Textstellen von Personen, welche in eine bestimmte Ausprägung einer bewertenden Kategorie eingestuft wurden, bezogen auf eine zweite thematische Kategorie, so bietet es sich an, eine sogenannte Segmentmatrix zu erstellen, in der diese Zusammenhänge textmäßig dargestellt sind.
Vertiefende Einzelfallinterpretation	Mittels einer vertiefenden Einzelfallinterpretation kann noch zusätzlich zu ggf. schon dargestellten Ergebnissen auf einzelne, besonders interessant erscheinende Personen im Forschungs-bericht eingegangen werden.

Tab. 6: Auswertungsformen der evaluativen qualitativen Inhaltsanalyse

(Quelle: Eigene Darstellung in Anlehnung an Kuckartz, 2014, S. 108-113)

3.4   Unterschiede beider Analysemethoden

Die beiden Analysemethoden haben einige Ähnlichkeiten, aber auch bedeutende Unterschiede, welche im Folgenden erläutert werden. Zum einen unterscheiden sich deren Ziele. Während es bei der inhaltlich strukturierenden qualitativen Inhaltsanalyse um die thematische Strukturierung und Beschreibung des Materials geht, werden bei der evaluativen Inhaltsanalyse Kategorien generiert, die eine Einschätzung oder Bewertung des Materials auf ausgewählten Dimensionen seitens der Forschenden erlauben. Die evaluative qualitative Inhaltsanalyse besitzt somit eine deutlich stärkere interpretative Ausrichtung. Sie nimmt Bewertungen auf der Ebene des Falls der Analyseeinheit vor, d.h. sie ist eher ganzheitlich orientiert, weil hier nicht einzelne Textstellen bewertet werden, sondern in der Regel die Gesamtheit des Falls (Kuckartz, 2014, S. 113). Die Kodiereinheit ist hier häufiger mit dem gesamten Fall identisch, und für die Kodierung sind sämtliche Äußerungen einzubeziehen, die für die interessierende Dimension von Bedeutung sind (Schreier, 2014). Generell sind die Kategorien bei der evaluativen Inhaltsanalyse eher großflächiger angelegt als die Kategorien bzw. Subkategorien bei der inhaltlich strukturierenden Inhaltsanalyse (Kuckartz, 2014, S. 113). Bei der inhaltlich strukturierenden Inhaltsanalyse sind die Kodiereinheiten meist kürzere Materialteile, in denen ein bestimmtes Thema zur Sprache kommt. Die Kodiereinheiten sind dabei geschachtelt und meist wird eine Vielzahl von Inhalten bzw. Themen kodiert. Ein Unterschied der beiden Analysemethoden besteht also häufig auch im Hinblick auf die Größe der Kodiereinheit. Zudem bestehen Unterschiede in der Formulierung von Restkategorien. Bei der inhaltlich strukturierenden qualitativen Inhaltsanalyse lässt sich im Zweifelsfall für jedes neue Thema eine eigene Unterkategorie definieren. Bei der Einschätzung der Ausprägung ausgewählter Dimensionen wird es dagegen immer wieder vorkommen, dass die Ausprägung im Einzelfall nicht klar bestimmbar ist. Dadurch gewinnt die

Formulierung von Restkategorien für die evaluative Inhaltsanalyse an Bedeutung. Auch die Kategorieentwicklung unterscheidet sich bei beiden Methoden. Bei der inhaltlich strukturierenden Variante werden Hauptkategorien häufiger auf der Grundlage von Vorwissen und die Unterkategorien induktiv aus dem Material generiert. Bei der evaluativen Inhaltsanalyse ergeben sich dagegen die Hauptkategorien aus dem Material, während für die Generierung der Unterkategorien auf Vorwissen zurückgegriffen wird (Schreier, 2014). Zum Schluss lässt sich auch auf Abb. 1 und Abb. 2 hinweisen, in denen deutlich wird, dass sich der Ablauf und die Vorgehensweise, sowie die Auswertungsformen der beiden Varianten unterscheiden. Zusammenfassend lässt sich festhalten, dass eine evaluative qualitative ganzheitlicher orientiert ist als die inhaltlich strukturierte Inhaltsanalyse.

Anhang: Qualitativer Interviewleitfaden zum Konstrukt Motivationale Grundhaltungen von Steuerzahlern.

1. Begrüßung und Warm-Up

Hallo Herr/Frau _____,

schön, dass Sie da sind. Wir freuen uns sehr, dass sie am Interview teilnehmen. Vielen Dank, dass Sie sich die Zeit dafür nehmen! Haben Sie gut hierher gefunden? Sind sie mit dem Auto oder den Öffentlichen Verkehrsmitteln hierhergekommen?

2. Einleitung

Ich möchte zunächst mich und das heutige Interviewthema vorstellen. Ich bin Vivien Albers und studiere Psychologie an der SRH Fernhochschule Riedlingen. Wir möchten in diesem Interview Motivationale Grundhaltungen von Steuerzahlern untersuchen und würden Ihnen ein paar Fragen zu diesem Thema stellen. Das Interview wird ca. 60 Minuten Ihrer Zeit beanspruchen. Ich würde Ihnen zunächst ein paar formale Fragen stellen, bevor wir dann in den inhaltlichen Teil übergehen. Wenn Sie damit einverstanden sind, würde ich das Interview zu wissenschaftlichen Zwecken und um Fehler zu vermeiden gerne aufzeichnen. Ich sichere aber zu, dass die Speicherung sowie die Auswertung anonym erfolgt. Wenn Sie damit einverstanden sind, so würde ich Sie bitten diese Einverständniserklärung zu unterschreiben. Gibt es vorab von Ihrer Seite aus noch Fragen?

3. Einverständniserklärung

Hiermit erkläre ich _____ mich damit einverstanden, dass ich im Rahmen ihres Forschungsprojekts von Frau Vivien Albers befragt werde und dass das Interview zu Forschungszwecken aufgezeichnet wird. Mir wurde zugesichert, dass sämtliche Daten anonymisiert gespeichert und ausgewertet werden.

Datum, Ort   Unterschrift

4. Formale Fragen

Name, Vorname	
Geburtsdatum	
Geschlecht	
Beruf	
Höchster Bildungsabschluss	
Datum	
Beginn	
Ende	

5. Einstiegsfragen

- Wie lange zahlen Sie bereits Steuern?
- Wann fällt Ihnen auf, dass Sie Steuern zahlen?
- Wieso glauben Sie, gibt es Steuern?

Dimension A: Commitment

- Zahlen Sie gerne Steuern?
- Wie glauben Sie verwendet die Regierung Steuergelder?
- Betrachten Sie das Konzept von Steuern als sinnvoll?

Dimension B: Capitulation

- Nehmen Sie Hilfs- oder Unterstützungsangebote durch die Steuerbehörden in Anspruch?
  → Wenn ja, welche?
  → Wenn nicht, warum nicht?

Dimension C: Resistance

- Wie glauben Sie stehen die Steuerbehörden zum Steuerzahler?
- Wie empfinden Sie die Zusammenarbeit der Steuerbehörden mit dem Steuerzahler?

Dimension D: Disengagement

- Wie gelangen Sie an neue Informationen bezüglich Ihrer Steuern?
  → Wie reagieren Sie auf Forderungen durch die Steuerbehörden?

Dimension E: Game Playing

- Würden Sie sagen sie zahlen zu viele, zu wenige oder angemessen viele Steuern?
- Ist das Steuersystem ein Thema im Gespräch mit Freunden?
  → Wie würden Sie reagieren, wenn Sie von ihrem Freunden erfahren, dass es eine Lücke im Steuersystem gibt?

6. Abschluss

Damit sind wir am Ende unseres Interviews angekommen. Nochmals vielen Dank, dass Sie sich die Zeit dafür genommen haben, teilzunehmen. Wie fühlen Sie sich? Gibt es etwas, was Sie noch als wichtig zu nennen empfinden, wir aber noch nicht angesprochen haben? Gibt es von Ihrer Seite aus noch Fragen? Wenn noch Fragen aufkommen sollten, können Sie mich natürlich jederzeit kontaktieren. Meine Kontaktdaten finden Sie auf meiner Visitenkarte. Dann wünsche ich Ihnen noch einen schönen Tag und verabschiede mich hiermit ganz herzlich.

Literaturverzeichnis

Braithwaite, V. (2003). Dancing with tax authorities: Motivational postures and non-compliant actions. In: Braithwaite, V. (Hrsg.): Taxing democracy. Aldershot: Ashgate, S. 15-39

Breuer, F., Deppermann, A., Kuckartz, U., Mey, G., Mruck, K. & Reichertz, J. (2014). All is data – Qualitative Forschung und ihre Daten. Eine Diskussion. In: G. Mey & K. Mruck. Qualitative Forschung: Analysen und Diskussionen. S. 261–290. Springer: Wiesbaden.

Döring N., Bortz J. (2016) Datenerhebung. In: Forschungsmethoden und Evaluation in den Sozial- und Humanwissenschaften. Springer-Lehrbuch. Springer: Berlin, Heidelberg. https://doi.org/10.1007/978-3-642-41089-5_10

Dresing, T. & Pehl, T. (2018). Praxisbuch Interview, Transkription & Analyse. Anleitungen und Regelsysteme für qualitativ Forschende (8. Auflage). Eigenverlag: Marburg.

Gerth N. (2015) Das ‚richtige‘ Marketing-Verständnis. In: IT-Marketing. Springer Gabler: Berlin, Heidelberg. https://doi.org/10.1007/978-3-662-46927-9_2

Gläser, J., & Laudel, G. (2010). Experteninterviews und qualitative Inhaltsanalyse (4. Auflage). Springer: Wiesbaden.

Helfferich, C. (2011). Die Qualität qualitativer Daten. Manual für die Durchführung qualitativer Interviews (4. Auflage). Springer: Wiesbaden.

Hohl, J. (2000). Das qualitative Interview. Zeitschrift für Gesundheitswissenschaften (8), S. 142–148. https://doi.org/10.1007/BF02962637

Höld, R. (2009). Zur Transkription von Audiodaten. In: Buber, R. & Holzmüller, H.H. Qualitative Marktforschung. Springer Gabler: Wiesbaden. https://doi.org/10.1007/978-3-8349-9441-7_41

Hussy, W., Schreier, M. & Echterhoff, G. (2013). Forschungsmethoden in Psychologie und Sozialwissenschaften für Bachelor (2. Auflage). Springer Medizin: Berlin, Heidelberg

Kruse, J. (2015): Qualitative Interviewforschung –Ein integrativer Ansatz (2. Auflage). Beltz: Weinheim und Basel.

Kuckartz, U. (2014). Qualitative Inhaltsanalyse: Methoden, Praxis, Computerunterstützung (2. Auflage). Beltz Juventa: Weinheim, Basel

Kuckartz, U. (2016). Qualitative Inhaltsanalyse: Methoden, Praxis, Computerunterstützung (3. Auflage). Beltz: Weinheim, Basel. S. 136-169.

Mayring, P. (2010). Qualitative Inhaltsanalyse: Grundlagen und Techniken (11. Auflage). Weinheim: Beltz.

Mayring, P. (2015). Qualitative Inhaltsanalyse: Grundlagen und Techniken (12. Auflage). Weinheim: Beltz.

Mey G. & Mruck K. (2020). Handbuch Qualitative Forschung in der Psychologie. Band 2: Designs und Verfahren (2. Auflage). Springer: Wiesbaden. https://doi.org/10.1007/978-3-658-26887-9

Misoch, S. (2015), Qualitative Interviews. De Gruyter: Oldenbourg, Berlin, München, Boston.

Mühlbacher, S. (2018): Steuermoral: Zahlungsverhalten und Einstellungen. In: Mühlbacher, S. & Zieser, M. (Hrsg.): Die Psychologie des Steuerzahlers: Springer: Wiesbaden. S. 7-22.

Ornau, F. (2014). Inhaltsanalyse (1. Auflage). SRH Fernhochschule: Riedlingen.

Reinhardt, R., Ornau, F. & Tennert, F. F. (2020). Interviewtechnik (Auflage 3). SRH Fernhochschule: Riedlingen.

Renner KH. & Jacob NC. (2020). Das Interview. Basiswissen Psychologie. Springer: Berlin, Heidelberg. https://doi.org/10.1007/978-3-662-60441-0_3

Rogers, C. (1942). Counseling and psychotherapy. Boston: Houghton Mifflin. In: (1972). Die nichtdirektive Beratung. München: Fischer

Rustemeyer, R. (1992). Praktisch-methodische Schritte der Inhaltsanalyse. Münster: Aschendorff.

Schuler, H. (2018). Das Einstellungsinterview: Ein Arbeits – und Trainingsbuch. Hogrefe: Göttingen.

Schreier, M. (2014). Varianten qualitativer Inhaltsanalyse: Ein Wegweiser im Dicklicht der Begrifflichkeiten. Forum Qualitative Sozialforschung: Qualitative SocialResearch, 15 (1), Artikel 18